RETROUVEZ *Totally Spies!*™
DANS LA BIBLIOTHÈQUE ROSE

Série créée par Vincent Chalvon-Demersay & David Michel.
D'après un scénario original de : Nicole Demerse.

Novélisation : Vanessa Rubio.

Hachette Livre, 43, quai de Grenelle, 75015 Paris.

Totally Spies!™

Le Cirque de la peur

Sam

Nom de code : Sammie, pour les intimes

Look : des robes, des fleurs… des robes à fleurs !

Passion : les livres, encyclopédies et dicos en tout genre

Arme secrète : son cerveau (c'est une tête !)

La phrase qui tue : « Bizarre, bizarre… »

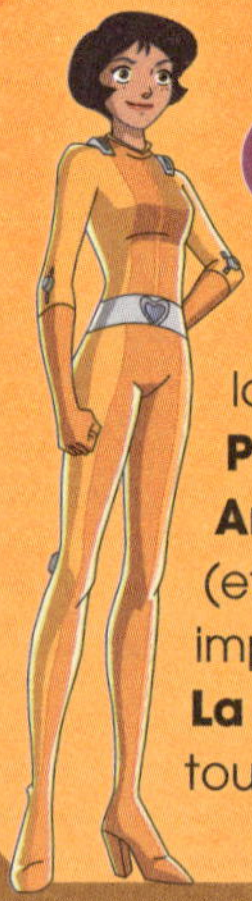

Alex

Nom de code : Petite sœur

Look : sportive, mais toujours à la mode

Passion : les arts martiaux

Arme secrète : sa gentillesse (et aussi son coup de pied retourné imparable)

La phrase qui tue : « Spies pour une, toutes pour les Spies ! »

Totally Spies!™

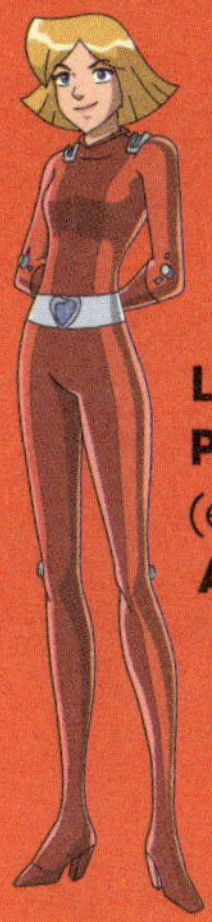

Clover

Nom de code : la Tueuse
(de garçons, bien sûr)
Look : toujours à la pointe de la mode
Passion : le shopping...
(et les garçons, bien sûr)
Arme secrète : son charme irrésistible
La phrase qui tue : « Il faut que je trouve une tenue pour samedi. »

Jerry

Nom de code : notre chef bien-aimé
Look : hum… Costume, cravate, moustache (une catastrophe !)
Passion : les Spies
Arme secrète : sa moustache ?
La phrase qui tue : « Un peu de sérieux, les filles. »

Gladis

Nom de code : Gadget, Location, Assistance, Dépannage à Intelligence Synthétique (comprenne qui pourra !)
Look : métallique (avec des boutons qui clignotent, attention !)
Passion : la robotique, évidemment
Arme secrète : des bras articulés qui surgissent quand on s'y attend le moins
La phrase qui tue : « Pour cette mission, vous serez équipées d'un système anti-gravitationnel à neutrons auto-propulsé… »

Bonjour ! Si par hasard, vous ne me connaissez pas encore, **je m'appelle Sam**. Oui, Sam tout court. Je ne peux pas vous donner mon nom de famille, c'est une information classée « top secret ». Et je ne plaisante pas. En plus de ma vie d'élève modèle au lycée de Beverly Hills, je fais partie d'un trio d'espionnes de choc : les Totally Spies. Pour être tout à fait franche (et sans me vanter), je suis même le cerveau du groupe. Mes amies – Alex, la spécialiste des arts martiaux, et Clover, experte en mode-et-garçons – me secon-

dent, c'est tout. Mais quand il faut sauver le monde, arrêter une bande de malfaiteurs machiavéliques ou retrouver la trace d'un dangereux criminel, c'est moi qui mène les opérations parce que je suis la seule à avoir la tête sur les épaules. Bien sûr, je suis les directives de notre chef, Jerry. C'est le directeur du WOOHP, l'organisation mondiale de protection des humains qui fait appel à nous dès qu'il y a du grabuge quelque part sur la planète. Mais, sur le terrain, c'est moi qui commande… enfin presque. D'ailleurs, la dernière fois, j'ai sauvé le monde d'une fin monstrueuse alors qu'Alex et Clover étaient en piteux état, les pauvres. Laissez-moi vous raconter…

Chapitre 1

10 h 55

Villa des Spies, Beverly Hills

Je ne sais pas chez vous, mais chez les Spies, le samedi matin, c'est grasse matinée illimitée, suivie d'une bonne heure dans la salle de bains pour enchaîner gommage, masque, épilation et brushing. J'étais donc sous la douche, en train de chantonner mon tube préféré dans un nuage de vapeur… quand, tout à coup, la porte s'est ouverte. J'ai entendu brailler :

— *Beverly Hills et ses filles de rêve*, première ! Ça tourne !

— Mais… quoi… que… qu'est-ce… ? ai-je balbutié.

— Ne t'inquiète pas, chérrrie, a roucoulé une espèce de bon-

homme en costume à paillettes. Fais comme si la camérrrra n'était pas là !

C'était facile à dire. Imaginez-vous la scène : vous êtes tranquille en train de siffloter sous la douche quand, soudain, une équipe de tournage complète débarque dans la pièce armée de caméras, micros, appareils photos…

J'ai glissé une main hors de la cabine de douche pour attraper une serviette, histoire de conserver le peu de dignité qui me restait. Puis je les ai chassés et je leur ai claqué la porte au nez. Non, mais !

Après ça, pour échapper à leurs griffes, je suis sortie par la fenêtre, j'ai fait le tour de la maison (toujours enroulée dans ma serviette), je suis rentrée par la porte et j'ai foncé dans la chambre de Clover. J'étais sûre qu'elle était derrière tout ça.

Et je ne m'étais pas trompée car j'ai vu Alex arriver en furie.

— J'étais au beau milieu d'un rêve merveilleux quand cette bande d'excités a débarqué dans ma chambre, j'attends une explication.

— Oui, qu'est-ce que c'est que ce cirque, Clover ? ai-je renchéri.

Nous étions toutes les deux face à elle, les poings sur les hanches.

— Surprise ! a-t-elle annoncé avec un grand sourire. Figurez-vous que je nous ai inscrites à l'émission *Beverly Hills et ses filles de rêve* ! Hans et son équipe vont filmer notre vie nuit et jour.

Alex n'en croyait pas ses oreilles (et moi non plus, d'ailleurs).

— Quoi ?!? Tu nous as inscrites à cette émission de téléréalité profondément débile sans notre accord ?

— Ça n'a rien de débile ! a répliqué Clover. La preuve, c'est le programme qui réalise le meilleur taux d'audience auprès des ados. Mandy va être verte de jalousie !

J'ai fermé les yeux, pris une profonde inspiration, compté jusqu'à dix… Il s'agit d'une technique de yoga pour retrouver son calme, mais visiblement elle ne fonctionne pas parce que j'ai HURLÉ :

— Tu veux qu'on passe à la télé alors que nous sommes des agents secrets, non mais tu as perdu ton unique neurone ou quoi ?

— Ce n'est pas incompatible, a-t-elle affirmé. On n'abordera pas le sujet à l'antenne, c'est tout.

C'est alors qu'on a entendu frapper à la porte :

— Les fiiiiillles ? Vous êtes là, mes chérrrriiiiiies ? Vous voulez bien faire visiter vos chambres à notre cher public ?

— Oui, oui, Hans ! Entrez ! s'est écriée Clover en se recoiffant en vitesse.

— Non, mais ça va pas ! ai-je sifflé. Tu as vu dans quelle tenue je suis ?

Mais de toute façon, quand l'équipe de tournage a poussé la porte, ils n'ont trouvé personne... parce que, juste à ce moment-là, Jerry nous a woohpées. Aaaaaaah !

TS™

Chapitre 2

11 h 30

QG du WOOHP

Nous sommes tombées, tombées, tombées dans un trou sans fin… et nous avons atterri en tas sur la banquette du WOOHP.

Alex en pyjama, moi en serviette de bain et Clover dans sa jolie petite robe verte toute neuve. Je suis sûre qu'elle avait passé des heures à se pomponner sachant que l'équipe de tournage allait arriver.

En défroissant sa robe du revers de la main, elle a soupiré :

— Bon, je l'avoue, nos débuts télévisuels ont un peu manqué de strass et de paillettes. Mais vous verrez, quand vous aurez goûté à la célébrité, vous ne pourrez plus vous passer des caméras.

Non, mais je rêve !

Heureusement, Jerry l'a vite ramenée sur Terre :

— Mesdemoiselles, ne perdons pas de temps, je vous prie. L'heure est grave !

J'ai toussoté :

— Hum, hum, excusez-moi, Jerry. Mais vous avez vu comment nous sommes habillées ?

Là, il nous a toisées de la tête aux pieds et il est devenu tout rouge (et il n'y avait pas que lui, je peux vous le dire).

— Ah, euh… Oui, en effet. Gladis ?

Un coup de rayon rhabilleur et l'assistante robotique de Jerry nous a revêtues de nos combinaisons d'espionnes.

— Parfait ! a commenté notre chef bien-aimé. Bien, où en étions-nous ? Ah, oui… Nous assistons à une vague de disparitions inexpliquées dans la région de Toronto.

— Toronto au Canada ? s'est exclamée Alex, les yeux brillants. Vous savez ce que ça signifie ?

— Des balades en barque sur les grands lacs ? a proposé Jerry.

— Non, des crêpes au sirop d'érable ! Miam ! a-t-elle répliqué en se frottant le ventre.

Ça, c'est notre Alex. Un peu surprenante, parfois, mais tellement adorable.

Professionnelle avant tout, j'ai demandé :

— Dispose-t-on d'autres informations sur ces disparitions ?

Un plan de la ville s'est affiché sur l'écran géant, derrière le bureau de Jerry. Les points rouges représentant les personnes disparues étaient regroupés autour d'une sorte de grand terrain vague.

— Apparemment, les disparitions ont eu lieu dans les alentours d'un champ de foire, mais nous n'avons pas davantage d'indices, nous a expliqué Jerry. Maintenant, passons aux gadgets, si vous le voulez bien.

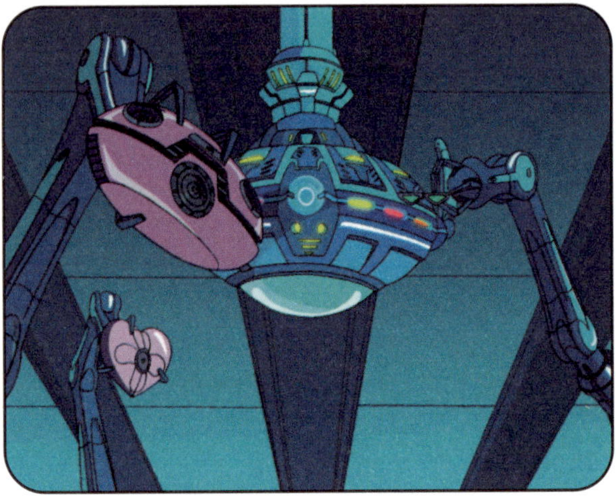

Gladis a alors pris la parole de sa voix de robot :

— Pour cette mission, vous serez équipées de lunettes à détection infrarouge modèle Mata Hari 300, d'une mini-chaîne à désintégrateur ultrasonique et de trois tatoos traceurs au henné.

Clover a levé les yeux au ciel.

— Flash info du mag de la mode : les tatouages sur les avant-bras c'était tendance au siècle dernier, Jerry !

— Je tâcherai de m'en souvenir, a répliqué notre grand chef, sans perdre son calme. Bonne chance, les filles !

Chapitre 3

12 h 10

Toronto, Canada

Le jet supersonique du WOOHP nous a déposées à l'endroit indiqué sur la carte… une grande étendue de pelouse. Sale. Constellée de papiers gras, d'emballages de bonbons et de vieux sachets de pop-corn.

— On arrive trop tard, la fête est finie, ai-je constaté.

Clover s'est baissée pour ramasser un ticket qui volait au vent.

— Cirque Diablo, a-t-elle déchiffré. Eh bien, ça ne fait pas tellement envie.

Alex a hoché la tête.

— Ouais. Moi, si j'avais un cirque, je l'appellerais le cirque Rigolo, quelque chose comme ça.

— Ou le cirque Clowno, a proposé Clover. Attends, non... le cirque Circo ! Pas mal, hein ?

Je les ai coupées :

— Très intéressant, les filles, mais je vous rappelle qu'on est en mission. Des gens ont disparu et on est censées les retrouver !

J'ai bien vu qu'elles faisaient la grimace dans mon dos, mais je m'en moquais. Quand on est aussi sérieuse et pro que moi, on passe souvent pour une rabat-joie, c'est la rançon de la gloire.

Je me suis éloignée un peu, j'avais repéré quelque chose qui brillait dans l'herbe.

Un éclat de miroir ! Je me suis penchée pour le prendre et…

— AAAAAAH ! AAAAAAH ! Quelle horreur !

— Quoi ? Qu'est-ce qui se passe, Sam ?

Alex et Clover ont volé à mon secours… et elles se sont mises à hurler également :

— AAAAAAH ! AAAAAAH ! Qu'est-ce que c'est que ça ?

Au bout de mon bras, là où, logiquement, aurait dû se trouver ma main, avait poussé une pince. Une pince de crustacé ! Rouge.

D'habitude, je conserve mon sang-froid quelles que soient les

circonstances, c'est une de mes qualités, mais là, c'était trop. J'ai éclaté en sanglots.

Clover a tenté de me prendre dans ses bras, mais ce n'était pas facile, à cause de la pince.

— Sammie, qu'est-ce qui t'est arrivé ?

— Je-je-je ne sais pas. J'ai… j'ai touché ce truc et… et voilà…

— Mais… euh… ça va ? s'est inquiétée Alex. Comment tu te sens ?

— Comme un homard dans un plateau de fruits de mer.

— Ah…

Du coup, elle a saisi l'éclat de miroir avec une pince.

— Je vais l'envoyer à Jerry pour analyse.

— Comment vais-je faire ? ai-je

gémi. Je ne peux pas retourner au lycée comme ça ! En plus, on a une interro de maths dans vingt minutes !

— Ne t'inquiète pas, je vais trouver une solution, m'a assuré Clover. Les amies, c'est fait pour ça.

Chapitre 4

13 h 28

Lycée de Beverly Hills

Tu parles ! La solution géniale de Clover, c'était… Devinez quoi ? De me prêter une moufle ! Si, je vous assure. Elle a fouillé dans son casier pendant dix bonnes minutes et en a exhumé, triomphante, une vieille moufle en laine. Rose bonbon.

— Ah, je savais bien que j'avais ce qu'il te fallait. Merci qui ? Merci, Clover.

Alex a toussoté.

— Hum… si j'étais toi, j'éviterais d'en faire trop, Clover. Parce que voilà Hans et son équipe de télé.

Je les avais oubliés, ceux-là. J'étais complètement paniquée.

— Hein ? Quoi ? Ils nous ont suivies jusqu'ici ? Mais qu'est-ce que je vais faire ? ai-je bafouillé en cachant ma pince dans mon dos.

— Ah, voilà nos filles de rêve ! Alors, racontez-nous un peu votre vie de lycéennes. Je suis sûr que nos chers amis meurent d'envie de connaître vos secrets les plus intimes.

— Alors là, ils vont être servis, ai-je soupiré.

— J'espère qu'ils aiment les fruits de mer, a murmuré Alex.

J'ai enfilé discrètement l'horrible moufle rose pendant que Clover faisait son petit numéro :

— Salut ! Moi, c'est Clover, mais mes amies m'appellent la totale splendeur...

Le tableau n'aurait pas été complet si Mandy n'avait pas choisi ce moment pour surgir à l'autre bout du couloir.

— Ah, tiens... Je ne savais pas qu'ils avaient changé le concept de l'émission. Maintenant, le titre, c'est Beverly Hills et ses filles ratées?

— Très drôle, Mandy. Mais, dis-moi, tu es toute pâle. C'est quoi, ton nouveau fond de teint ? Nuance « Blanche de Jalousie », c'est ça ?

L'ennemie jurée de Clover est repartie en serrant les poings.

— Tu me le paieras cher, je te le promets.

Hans n'avait pas raté une miette de la scène :

— Les disputes, c'est très bon pour l'Audimat, chérie. Bien, bien… Voyons maintenant ce que vos charmantes amies ont à nous raconter.

La main dans le dos, j'ai souri bêtement à la caméra qui était pointée sur moi.

— Qu'est-ce que vous cachez là, mademoiselle ?

— Où ça ?

— Dans votre dos, montrez-nous voir ! a insisté Hans. Est-ce un livre… ou peut-être une anti-sèche?

— Hein ? Rien, c'est ma main, juste ma main. Mais je suis très très frileuse des doigts !

— Ah oui ? s'est étonné Hans. Very original. Very fashion, ma chérrriiie !

— Super, a commenté Clover à voix basse. Demain, la moitié de Beverly Hills porte une moufle. Tu vas lancer une nouvelle mode !

Tout à coup, une sonnerie a retenti. Ti-du-du… du-du-dut !

Le com-poudrier ! Jerry cherchait à nous joindre.

Aussitôt, Hans a braqué la caméra dessus.

— Mais qu'est-ce que c'est que ça ? Un nouveau jeu électronique ?

— Heu… Non, il s'agit d'un poudrier ultraperfectionné qui sonne quand on a la peau qui brille, ai-je inventé. Ça signifie qu'il est temps d'aller se repoudrer le nez. Immédiatement.

Et, sur ce, j'ai entraîné Alex et Clover dans les toilettes, plantant là notre présentateur gominé.

Une fois à l'abri dans une cabine, la porte verrouillée, nous sommes entrées en communication avec le QG du WOOHP. L'innovation, avec le com-poudrier nouvelle génération, c'est que Jerry apparaît en image holographique en trois dimensions. Et dans certaines situations, ça peut s'avérer assez… cocasse ! Là, en l'occurrence, imaginez notre grand chef assis sur la cuvette des toilettes…

Bref, ce qu'il avait à nous dire était de la plus haute importance :

— Nos équipes n'ont pas encore fini d'analyser votre fragment de miroir, mesdemoiselles. En revanche, nous avons localisé un cirque dont l'emblème est un diable dans les environs de Rio de Janeiro.

— Chouette ! Ça veut dire qu'on part au Brésil. À nous la plage, le soleil, la samba ! s'est exclamée Clover.

— Et les cocktails au lait de coco! a renchéri Alex en se léchant les babines. Miam !

Une fois de plus, j'ai dû les rappeler à l'ordre :

— C'est très bien, tout ça, les filles. Mais avant de s'envoler vers les plages de sable fin, il faut d'abord sortir d'ici discrètement. Sinon Hans et son équipe de fouineurs vont encore nous tomber dessus.

— J'ai une idée ! s'est écriée Alex.

Comme cela n'arrive pas souvent

(je ne voudrais pas être méchante, mais c'est vrai), je demandais à voir.

Alex a appuyé sur le bouton « Habillage express » du com-poudrier en commandant :

— Trois costumes de cirque, livraison immédiate !

Et nous nous sommes retrouvées déguisées en clowns... Pas vraiment discret mais, au moins, Hans ne risquait pas de nous reconnaître.

Comme d'habitude, Clover a fait des manières :

— Aïe, aïe, aïe ! J'ai pourtant l'habitude des talons hauts, mais j'ai un peu de mal, perchée sur ces échasses !

— C'est à cause de toi qu'on est obligées de se déguiser, je te

signale, Clover ! Alors je te conseille de regarder où tu mets tes grands pieds au lieu de râler, ai-je répliqué.

Ça lui a cloué le bec.

Chapitre 5

15 h 45

Cirque Diablo, Rio de Janeiro

Lorsque nous sommes arrivées au Brésil, la fête battait son plein.

— C’est étrange, tout ce monde, alors qu’à Toronto nous n’avons même pas croisé un caribou, me suis-je étonnée.

— On dirait que tout le pays

s'est donné rendez-vous ici, a remarqué Alex.

(Pour une fois, Clover ne disait rien. Elle était trop occupée à essayer de ne pas tomber...)

— Normal, ai-je constaté, ils ont mis de la publicité partout, regardez !

J'ai désigné une affiche à l'ancienne montrant les différents artistes du cirque Diablo.

— Oh ! a soufflé Alex. L'enfant-pieuvre. L'homme-loup. La femme élastique, qu'est-ce que c'est que ça ?

— Des monstres de foire, ai-je expliqué. Je croyais que ça n'existait plus.

— Tu n'as qu'à te regarder dans une glace, tu verras que c'est furieusement tendance au contraire, a répliqué Clover.

Quelle peste ! J'avais bien envie de lui pincer les fesses ! Mais j'ai préféré rester professionnelle car, malgré le brouhaha de la foule, j'avais entendu des hurlements perçants :

— Non ! Non ! Maman ! Au secours !

En chaussant mes lunettes Mata Hari 300, j'ai aperçu une scène étrange. Un enfant se débattait pour tenter d'échapper à deux étranges énergumènes qui voulaient le forcer à monter dans un manège. Un homme avec un museau de loup et une femme étrangement souple !

— Il se passe quelque chose là-bas. Il faut aller voir ça de plus près.

Aussitôt, les filles se sont élancées vers le manège. Mais moi, j'avais un petit problème technique… Essayez donc d'enfoncer le bouton « Habillage express » de votre com-poudrier avec une pince de homard à la place de la main, vous verrez…

— J'arrive, les filles ! ai-je crié.

Juste le temps de mettre ma combi… Ah voilà !

J'ai couru jusqu'à l'entrée du manège, mais Alex et Clover étaient déjà à l'intérieur. Alors j'ai sauté dans l'une des petites voiturettes, qui a démarré à fond de train, m'emprisonnant avec une ceinture de métal. Aaaaaaah !

C'était affreux. Pour pénétrer dans l'attraction, on passait d'abord dans la gueule d'un clown au rictus sinistre. Ensuite, c'était une succession de virages, à droite, puis à gauche, de montées, de descentes, de boucles et de loopings dans le noir total. Des cris résonnaient dans le vide, quelle angoisse ! Une vraie descente aux enfers !

Où tout cela nous menait-il ?

Chapitre 6

17 h 15

Dans la galerie des glaces

Contre toute attente, après nous avoir bien secouées, le train a brusquement ralenti. Nous avons débouché dans un décor radicalement différent. Tout, absolument tout, du sol au plafond, était recouvert de miroirs.

J'ai entendu Clover qui s'extasiait, trois ou quatre voiturettes devant moi :

— Waouh ! Génial ! On se croirait dans la galerie des glaces du château de Versailles. Je me vois partout. Des milliers de mini Clover… J'adoooore !

Perché sur une estrade, un homme en queue-de-pie rouge

nous a accueillies avec un petit discours :

— Bienvenue au cirque Diablo ! J'espère que vous avez bien profité de ce tour de manège, parce que, lorsque vous en descendrez tout à l'heure, vous aurez changé d'enveloppe corporelle.

— Ma parole, ce type déclame les vers d'un poète russe mal traduit ou quoi ? a bougonné Clover. Parce que moi, je n'ai pas compris un mot de ce qu'il a dit !

Sans se démonter, il a poursuivi :

— Quand j'étais petit garçon, je me produisais sous le nom de l'enfant-pieuvre.

Là, il a ouvert un bouton de sa redingote, libérant une paire de bras supplémentaire. Oui, vous avez bien compris. Notre homme avait quatre bras. C'était donc lui, le gamin représenté sur l'affiche !

— Nous avons perpétué la tradition des monstres de foire de génération en génération. Mais maintenant, les gens préfèrent ces maudits manèges à sensations... Heureusement, je vais remédier à cela ! a-t-il annoncé avec un sourire démoniaque. Je vous invite à traverser le miroir pour devenir vous-mêmes des monstres de foire. Ensemble, nous donnerons naissance à l'attraction la plus phénoménale de tous les temps !

— Euh, je crois que le monsieur a oublié de prendre ses gouttes, a murmuré Alex.

Mais elle a vite arrêté de plaisanter parce que le train s'est remis en marche, il fonçait droit vers une immense glace…

— Bon voyage, a ricané l'homme-pieuvre.

— Oh non ! On va être transforméééééééeeeees !

Pas question de repasser au travers du miroir. Moi, j'avais déjà ma pince, merci ! Comme j'étais dernière, j'ai eu le temps de couper la ceinture qui me retenait (bien pratique pour le coup, cette pince, il faut l'avouer), de m'extirper de la voiturette et de bondir hors du manège, propulsée par mon jet-sac à dos.

— Ne vous en faites pas, les filles ! Je reviens vous sauver !

J'ai juste entendu des voix étouffées, car Alex et Clover étaient passées de l'autre côté.

— Blub !... Ça sent le poisson...

— Pas édonnant, Alex, d'as des écailles bardout... bais, qu'est-ce que z'est que za ?

— Blub... Tu as une trompe d'éléphant, Cloblub !

Quel cauchemar ! Il fallait à tout prix que je contacte Jerry.

Une fois sortie de ce cirque, j'ai immédiatement appelé le WOOHP avec mon com-poudrier.

— Ah, Sam ! s'est exclamé notre grand chef. J'ai reçu les résultats d'analyse. Le miroir que vous m'avez envoyé est constitué d'un alliage de mercure capable de modifier l'ADN humain.

— C'est comme ça que Lapieuvre transforme les gens en monstres… Il faut absolument l'arrêter, ai-je rétorqué, plus vive que jamais.

— Oui, mais faites vite, car le cirque se déplace à une allure prodigieuse.

Effectivement, Jerry avait à peine prononcé ces mots que la fête foraine – chapiteau, manèges et baraques de foire comprises – s'était tout simplement volatilisée.

Chapitre 7

19 h 34

Cirque Diablo, Paris

Heureusement, il me suffisait de repérer le signal des tatoos-traceurs au henné sur mon com-poudrier, pour retrouver Alex et Clover. Facile ! Je n'ai eu qu'à traverser la moitié du globe… car le cirque Diablo avait planté son chapiteau dans la charmante ville de Paris.

Perchée sur un toit, j'ai pu observer ce qui se passait dans l'enceinte de la fête foraine. Les gens se pressaient à l'entrée du manège, sans se douter de ce qui les attendait. Ma mission était double : libérer les Spies (ou ce qu'il en restait) et arrêter le projet dément de Lapieuvre. Si j'avais bien compris, mes amies devaient maintenant se trouver à l'intérieur du cirque, prêtes à être montrées en spectacle.

Je me suis faufilée discrètement sous la toile du chapiteau. J'avais vu juste : elles étaient là, enfermées dans une cage ! Ma petite Alex couverte d'écailles bleues... et Clover affublée d'une tête d'éléphant, avec les oreilles et la trompe, bien sûr !

— Me voilà, les filles ! ai-je chuchoté. Je viens vous libérer.

Et d'un coup de pince bien senti, j'ai fait sauter le verrou de la cage.

— Z'est bas drop dôt ! a marmonné Clover (sa trompe d'éléphant la faisait parler du nez).

— Excusez-moi, Votre Majesté éléphantesque, il m'a quand même fallu traverser la terre entière pour vous retrouver !

— Blub ! Merci, Sam ! Viens que je te serre… blub… la pince !

— Tout doux, mon petit poisson. Ne me fais pas bisquer sinon, je te tire les nageoires. Bon, vous avez du nouveau concernant notre ami Lapieuvre ?

Clover a acquiescé avec la trompe. (Ça faisait bouger ses oreilles. C'était drôle, mais je me suis bien gardée de rire, évidemment.)

— Disons qu'il semble nourrir de grandes ambitions…

— Des ambitions tentaculaires, si j'ose dire ! Il ceinture les spectateurs sur leur fauteuil pour leur faire traverser le miroir, a expliqué Alex en soulevant le coin du rideau de scène.

Le chapiteau était plein à craquer. Et tous ces gens allaient se retrouver transformés en monstres ! Un par un, les fauteuils, montés sur des rails, quittaient le rang pour se diriger vers les miroirs déformants.

J'étais en train de réfléchir à un plan quand, soudain, j'ai entendu un retentissant :

— Ah, voilà mes filles de rêêêve !

Hans. Suivi de toute son équipe, bien sûr.

— Oh, non, c'est pas vrai. Pas lui ! ai-je soupiré. Comment a-t-il fait pour nous retrouver ?

Je me suis tournée vers Clover et je l'ai fusillée du regard. Alex lui a tiré la trompe.

— Ne me dis pas que tu les as appelés ?

— Ben…, a-t-elle bafouillé. Je me suis dit qu'une aventure pareille pouvait intéresser le public…

— Et tu comptes jouer quel rôle ? ai-je riposté. Ah, je sais : Elephant Woman, bien sûr !

Hans nous tendait déjà le micro :

— Un voyage express à Paris, on ne peut pas faire plus glamour, mais, dites-moi, pourquoi avoir choisi ces étranges costumes ?

— Oui, pourquoi ? Vous faites partie du spectacle ? a grincé le directeur du cirque, surgissant dans les coulisses, un sourire mauvais aux lèvres.

Nous étions coincées : d'un côté M. Gomina et ses questions idiotes, de l'autre Lapieuvre, qui faisait tournoyer sa canne dans ses quatre mains… Il fallait faire quelque chose !

— Je sais ! me suis-je exclamée. Coupez le courant.

Clover s'est jetée sur le disjoncteur.

— Il est trop dur, je n'arrive pas à abaisser la manette.

Alex et moi, nous sommes venues à la rescousse… Et pouf ! le chapiteau s'est retrouvé plongé dans l'obscurité totale. Le manège maléfique s'est arrêté. Hans ne

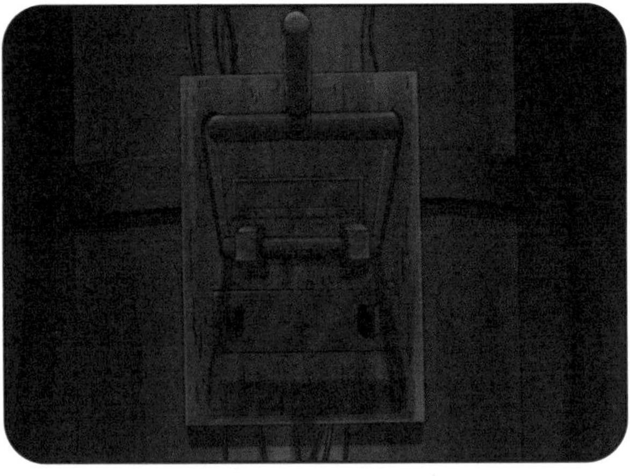

pouvait plus filmer. Et Lapieuvre ne pouvait qu'agiter ses quatre bras dans le noir, furieux.

Heureusement, nous, nous étions équipées des lunettes à détection infrarouge de Jerry... qui nous ont permis de voir le directeur du cirque se diriger à tâtons vers un gros engin qui, dès qu'il l'a touché, s'est mis à bourdonner aussitôt. Et la lumière est revenue.

— Mince, il a un générateur électrique !

— Évidemment, vous me prenez pour qui ? Je suis l'homme-pieuvre, pas une simple crevette ! Maintenant, on va régler nos comptes, mesdemoiselles !

Quand on est en mission, il faut savoir prendre les décisions qui s'imposent. Alors j'ai donné mes ordres :

— Clover, tu distrais ces messieurs de la télé. Alex, tu te charges des miroirs. Moi, je m'occupe de l'agité des tentacules.

Chapitre 8

20h00

Sous le chapiteau du cirque Diablo

Il faut croire que je suis assez douée pour commander, parce que les filles m'ont obéi au doigt… enfin à la pince et à l'œil.

Clover s'est débrouillée pour faire entrer Hans et son équipe dans une cage et a commencé à leur raconter sa vie. Alors là, il y en avait pour des heures !

Quant à Alex, elle a eu une idée géniale, la deuxième de la journée.

— Je suis sûre que ces affreux miroirs déformants ne vont pas résister à la puissance de la mini-chaîne à désintégrateur ultrasonique. Ça va pulser !

Mais oui ! Les gadgets de Jerry sont toujours là pour nous sauver la mise. Alex a monté le volume à fond et a appuyé sur le bouton.

— En avant la musique !

Des ondes de plus en plus fortes sont sorties du poste. Aussitôt les miroirs ont commencé à se craqueler, puis ils se sont brisés en mille morceaux.

Lapieuvre bouillait de rage. Sa fabrique de monstres était détruite.

— Vous vous croyez malignes,

hein ? Mais vous n'allez pas vous en tirer comme ça !

Et il s'est jeté sur moi, en faisant des moulinets avec ses quatre bras.

Je dois avouer qu'il se défendait pas mal. Quatre poings au lieu de deux, ça fait la différence. Mais il n'avait pas suivi l'entraînement de pointe du WOOHP.

— Désolée, mais je crois que vous avez un peu trop de bras pour bien maîtriser la subtilité des arts martiaux.

Je lui ai fait le double retourné piqué planté du tigre sauvage au fond de la jungle... et il s'est retrouvé les bras noués comme un gros paquet cadeau. Il s'est tellement débattu qu'il a fini par tomber par terre, le nez dans la poussière.

— Au secours ! Je ne peux plus bouger !

— Ah, je vous avais bien dit que vous alliez vous emmêler les tentacules ! ai-je déclaré, victorieuse. Voilà, Jerry n'a plus qu'à venir ramasser le paquet.

— Comme d'habiblub ! s'est exclamée Alex.

— Et Clover, elle est toujours avec Hans ? Je me demande ce qu'elle lui raconte...

Nous nous sommes approchées discrètement.

Notre amie était en pleine conférence de presse. Quant au présentateur, il avait l'air un peu… fatigué. Même ses cheveux impeccablement coiffés avaient perdu de leur brillant.

— Donc, lorsque z'édais en CE 1, z'est dans une fête foraine comme zelle-zi que j'ai rempordé le concours de Miss Barbe à papa.

— Oui, Clover… Mais ça ne nous dit pas pourquoi vous avez choisi ce costume d'éléphant, a protesté vainement Hans.

— Addendez, addendez, z'y arrive ! Puis, au spectacle de Noël de CE2, z'ai…

— Tu crois qu'on devrait abréger les souffrances de ce pauvre

Hans ? m'a demandé Alex, toujours charitable.

— Non, voyons plutôt s'il parvient à terminer son émission.

— Avec Cloblub ? Il n'a aucune chance !

Bien sûr, Jerry est arrivé avec l'énorme avion-cargo du WOOHP. Il est passé devant la tour Eiffel (follement glamourrr !) avant de se poser au pied du chapiteau du cirque Diablo. Et il a décoché sa petite phrase rituelle :

— Vous avez fait du beau travail. Je vous félicite, les filles.

Puis il a embarqué Lapieuvre empaqueté dans sa redingote à bord de son avion et hop ! il est reparti comme il était venu. C'est cool, la vie de chef, quand même !

Chapitre 9

21h00

Villa des Spies, Beverly Hills

Et nous, nous sommes rentrées chez nous… en faisant tout de même un petit détour par le QG pour que les chercheurs du WOOHP nous redonnent un aspect… plus classique, disons.

— En fait, j'avais fini par m'habituer à cette pince. Elle était tout de même bien pratique, ai-je affirmé.

— C'est ça ! a répliqué Clover. Eh bien, désolée, moi, je préfère mon joli nez en trompette à cette affreuse trompe !

— Hé, Sam ! Puisque les fruits de mer te manquent, tu veux de la mayonnaise avec ton pop-corn ? m'a proposé Alex.

— Ha-ha, c'est follement amusant, poisson volant. Dites, l'émission est à quelle heure ?

— Ça commence dans une minute, a annoncé Clover.

Vite, nous nous sommes installées bien confortablement sur notre canapé pour assister à notre fabuleuse performance dans *Beverly Hills et ses filles de rêve.*

Pendant le générique, Clover ne tenait pas en place.

— Vous imaginez, les filles ? C'est peut-être le début d'une grande carrière. Si jamais un producteur me remarque et me demande de jouer dans un film… Je me vois déjà à la remise des Oscars, dans une longue robe en lamé doré…

Je lui ai tapoté la main.

— Ouh là, ouh là ! On se calme. Allez, regarde l'émission.

Les dernières notes du générique ont résonné et nous avons entendu l'inimitable Hans annoncer :

— Bonjour, aujourd'hui, *Beverly Hills et ses filles de rêve* va vous faire

découvrir la vie extraordinaire de l'extraordinaire… MANDY !

Et le visage de cette abominable peste est apparu sur l'écran, tout sourire.

Clover était verte, aussi verte que ma combinaison de Spies. Il faut dire que Mandy est sa pire ennemie. Elle consacre sa vie à lui piquer tous ses petits amis. Ce que Clover lui rend bien, il faut l'avouer.

Et voilà que, cette fois, elle lui avait volé la vedette !

Pendant ce temps, sur l'écran, la voix doucereuse de Mandy susurrait :

— Que voulez-vous, avec mes cheveux soyeux et mon élégance innée, j'ai toujours su que j'allais faire de la télé.

Clover écumait de rage :

— Mais c'est ma réplique, ça ! Elle me prend même mes répliques. C'est honteux !

Comme d'habitude, j'ai essayé de la raisonner :

— Soyons réaliste, Clover. La vie de star n'est pas tellement compatible avec une carrière d'espionne internationale. Et puis, cette aventure nous a appris que ce n'est pas l'apparence qui compte, mais ce qui est à l'intérieur de chacun…

Mais Clover ne m'écoutait pas :

— Pourquoi ils n'ont pas diffusé notre émission ? Surtout pour nous remplacer par… Mandy ! Ça ne va pas se passer comme ça…

Heureusement, Alex a su trouver les mots pour la consoler :

— Bah… Je crois que ça vaut mieux. La vie de star, c'est impossible. Tu ne peux même pas aller faire ton shopping tranquille sans te faire accoster. Alors qu'une espionne peut dévaliser les boutiques sans être embêtée ! D'ailleurs, qu'est-ce que tu dirais d'une petite virée au centre commercial, ma Clover ?

Table

Dans la même collection…

Cinq collégiennes
douées de pouvoirs
surnaturels.

Mini, une petite fille
pleine de vie !

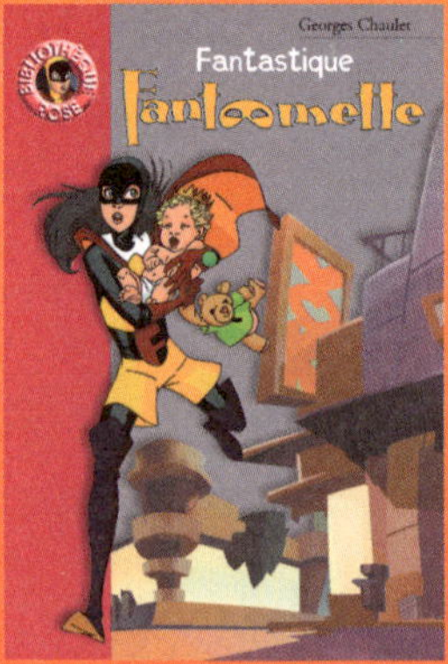

Fantômette,
l'intrépide
justicière.

Totally Spies,
trois super espionnes
sans peur et sans reproche.

Pour Futékati,
résoudre les énigmes
n'est pas un souci.

Dagobert,
le petit roi
qui fait tout à l'envers.

Cédric, les aventures
d'un petit garçon bien
sympathique.

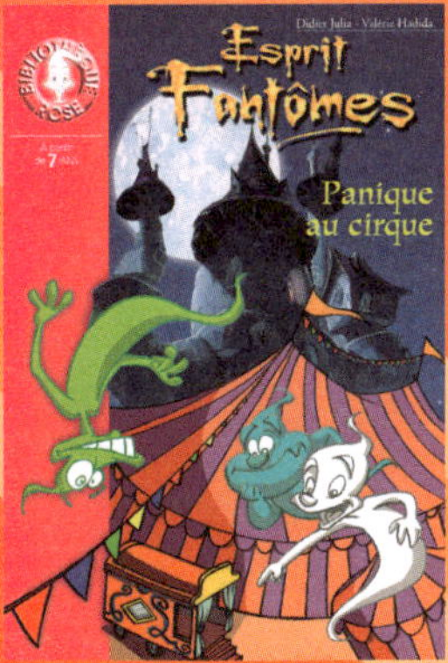

Esprit Fantômes, les
enquêtes d'une famille
un peu farfelue.

Imprimé en France par Qualibris *(J-L)*
n° dépôt légal : 86977 - avril 2007
20.20.1098.1/04 - ISBN : 978-2-01-201098-7
Loi n° 49-956 du 16 juillet 1949
sur les publications destinées à la jeunesse